EMG3-0172 J-POP CHORUS PIECE
合唱楽譜＜J-POP＞

> 合唱で歌いたい！J-POPコーラスピース
>
> **混声3部合唱**

TRAIN-TRAIN
(THE BLUE HEARTS)

作詞・作曲：真島昌利　合唱編曲：田中和音

●●● 曲目解説 ●●●

　日本のロックバンドTHE BLUE HEARTSが、1988年にリリースした楽曲です。THE BLUE HEARTSは『リンダリンダ』でメジャーデビューして以来、たくさんの名曲を残しています。その中でもとりわけ知名度の高い、彼らの代表曲のひとつ『TRAIN-TRAIN』。解散した今でもテレビ番組やCMなどに起用されているため、どこかで聞いたことがあるという人も多いのではないでしょうか。受験生や社会人、夢を追って頑張っている人に元気や勇気を与えてくれるこの一曲に、強い想いを込めて熱く歌い上げてください！

【この楽譜は、旧商品『TRAIN-TRAIN（混声3部合唱）』（品番：EME-C3015）とはアレンジが異なります。】

TRAIN-TRAIN

作詞・作曲：真島昌利　　合唱編曲：田中和音

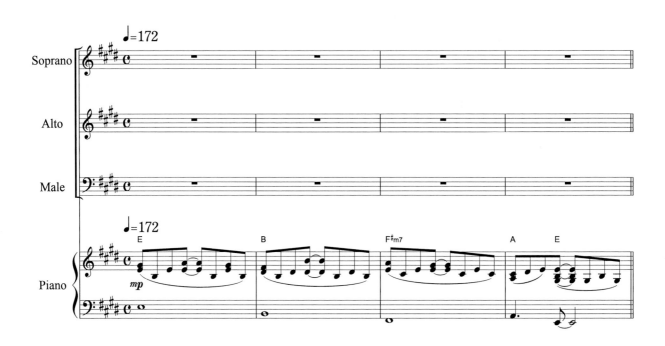

MEMO

TRAIN-TRAIN (THE BLUE HEARTS)

作詞:真島昌利

栄光に向かって走るあの列車に乗って行こう
はだしのままで飛び出してあの列車に乗って行こう
弱い者達が夕暮れさらに弱い者をたたく
その音が響きわたればブルースは加速して行く
見えない自由がほしくて
見えない銃を撃ちまくる
本当の声を聞かせておくれよ

ここは天国じゃないんだ　かと言って地獄でもない
いい奴ばかりじゃないけど
悪い奴ばかりでもない
ロマンチックな星空にあなたを抱きしめていたい
南風に吹かれながらシュールな夢を見ていたい
見えない自由がほしくて
見えない銃を撃ちまくる
本当の声を聞かせておくれよ

TRAIN-TRAIN　走って行け
TRAIN-TRAIN　どこまでも
TRAIN-TRAIN　走って行け
TRAIN-TRAIN　どこまでも

世界中に定められたどんな記念日なんかより
あなたが生きている今日はどんなに素晴しいだろう
世界中に建てられてるどんな記念碑なんかより
あなたが生きている今日はどんなに意味があるだろう
見えない自由がほしくて
見えない銃を撃ちまくる
本当の声を聞かせておくれよ

TRAIN-TRAIN　走って行け
TRAIN-TRAIN　どこまでも
TRAIN-TRAIN　走って行け
TRAIN-TRAIN　どこまでも
TRAIN-TRAIN　走って行け
TRAIN-TRAIN　どこまでも
TRAIN-TRAIN　走って行け
TRAIN-TRAIN　どこまでも

栄光に向かって走るあの列車に乗って行こう
はだしのままで飛び出してあの列車に乗って行こう
土砂降りの痛みの中を傘もささず走って行く
嫌らしさも汚ならしさも剥き出しにして走って行く
聖者になんてなれないよ　だけど生きてる方がいい
だから僕は歌うんだよ精一杯でかい声で
見えない自由がほしくて
見えない銃を撃ちまくる
本当の声を聞かせておくれよ

TRAIN-TRAIN　走って行け
TRAIN-TRAIN　どこまでも
TRAIN-TRAIN　走って行け
TRAIN-TRAIN　どこまでも
TRAIN-TRAIN　走って行け
TRAIN-TRAIN　どこまでも
TRAIN-TRAIN　走って行け
TRAIN-TRAIN　どこまでも

MEMO

MEMO

エレヴァートミュージックエンターテイメントはウィンズスコアが
展開する「合唱楽譜・器楽系楽譜」を中心とした専門レーベルです。

ご注文について

エレヴァートミュージックエンターテイメントの商品は全国の楽器店、ならびに書店にてお求めになれますが、店頭でのご購入が困難な場合、当社PC&モバイルサイト・電話からのご注文で、直接ご購入が可能です。

◎当社PCサイトでのご注文方法

http://elevato-music.com

上記のアドレスへアクセスし、WEBショップにてご注文ください。

◎お電話でのご注文方法

TEL.0120-713-771

営業時間内に電話いただければ、電話にてご注文を承ります。

◎モバイルサイトでのご注文方法

右のQRコードを読み取ってアクセスいただくか、
URLを直接ご入力ください。

※この出版物の全部または一部を権利者に無断で複製(コピー)することは、著作権の侵害にあたり、
　著作権法により罰せられます。

※造本には十分注意しておりますが、万一、落丁・乱丁などの不良品がありましたらお取り替えいたします。
　また、ご意見・ご感想もホームページより受け付けておりますので、お気軽にお問い合わせください。